뱁새는 황새를 쫓아가다

천도화 일곱번째 시집

서문

자아 인식과 그 미학의 실체

지은경 (시인 · 문학평론가 · 문학박사)

시는 경험과 상상력을 동원하여 작품으로 발전시킨다. 그러면 시적 경험은 어디에서 오는가. 혼자 조용히 묵상할 때, 혹은 독서의 경험에서, 무언가 깨달음을 얻을 때, 누군가에게 상처를 주었을 때, 또 받았을 때, 비웃음을 당했을 때, 무시를 당했을 때 등 보통 사람은 그냥 지나칠 수 있는 일들을 시인은 감정의 소용돌이를 느끼고 그 격정의 순간을 정화하여 시로 형상화하는 것이다. 천도화 시인은 삶의 상실과 슬픔 속에서도 단단하게 시의 뿌리를 내리고 있다. 견고하게 내린 뿌리의 생명력은 칡넝쿨처럼 질기다. 소박하고 성실하게 실재하는 천시인의 시들은 삶의 절망 속에서도 강하게 살아내는 지줏대 역할을 하고 있다. 대문호 빅토르 위고는 세상에는 세 가지 싸움이 있다고 한다. 첫째 자연과의 싸움, 둘째 타자와의 싸움, 셋째 자기 자신과의 싸움이다. 그중에서 자기 자신과의 싸움이 가장 힘들다고 한다. 일찍이 시인은 가정에 안주하지 않고 사회의 일원으로 직업 전선에서 치열하게 생존경쟁에 맞서 살아온 분임을 그의 시에서 읽을 수 있다. 뼛속까지 슬픔이 배어 있는 인고의 시들이 존재의 꽃을 피워내고 있다.

너무 먼 그곳 땅 끝이라도 가고자
푸른 별 잡기보다 갈 길은 멀기만 하였지
이젠 붉은 피돌기는 느릿느릿할 뿐

숲이 아닌 숲에서 작은 씨앗하나 키우려 하였지만 나무 한 그루 심목하지 못하고 열내야를 오가는 지구의 숲에서 아마존이 사라지는, 억겁의 시간에도 뱁새는 뱁새 일뿐 황새 따라가려 아무리 발버둥 치고 쫓아가려 해도 파동은 길었지 성큼성큼 갈 수 없음을 찬찬히 걷는 일이 더 멀리 갈 수 있어 기우뚱거리며 내 옷도 아닌 옷을 걸치고 끊임없이 껑충거리지만 늘 우아한 황새의 긴 다리로 자유롭게 걸어가는 꿈을 꾸고 살았지

왜 그때는 몰랐을까
명함의 빈자리를 채우려 스펙을 담은 종이 한 장
무에 그리 애착을 갖고 뜬소문에도 바동바동 종종거리며
황새를 동경하였지

언젠가는 황새가 될 거란 불안한 높이로
성큼성큼 걷지 못하는 처절함이 도사리는 발바닥엔
키를 높이며 구두에 발을 맞추고 황새가 되려하였지만
아직도 황새의 꿈을 접지 못하는 것을

작은 뱁새라도 수리를 낳는다고

황새가 아니라도 여기까지 이만큼 올 수 있었다.

- 시 『뱁새는 황새를 쫓아가다』 전문

일상생활에서 자주 쓰이는 속담에 "뱁새가 황새 따라가다 가랑이 찢어진다"는 말이 있다. 자신의 능력을 벗어난 무리한 일을 하다 화를 당한다는 뜻이다. 자기 분수를 알라는 교훈이 담긴 이 말은 화를 당하지 않으려면 자기의 한계를 알고 현실적인 목표를 너무 크게 설정하지 말라, 실패하지 않도록 분수껏 살고 무리한 도전은 하지 말라는 부정적인 이미지를 갖고 있다. 뱁새는 크기가 13센티 정도로 참새보다도 작은 새이다. 몸집이 작고 다리가 짧아 종종 걸음이다. 반면 선학仙鶴과에 속하는 황새는 키가 120센티가 넘고 날개는 무려 200센치나 되는 큰 새이다. 다리도 길어 걸음도 성큼성큼 걷는다. 뱁새의 입장에서 보면 우선 황새의 우아한 외모에서 자신과 비교가 되지 않는다. 늘씬한 다리, 긴 부리, 힘찬 날갯짓은 타고난 능력으로 부럽기만 하다.

그러면 모든 것을 숙명으로 받아들이고 그냥 포기하고 말 것인가? 황새와 같은 삶은 비교 대상이 아니니 실패할 걸 생각해서 도전도 하지 말고 꿈도 꾸지 말 것인가? 우리는 토끼와 거북이 이야기를 잘 안다. 토끼와 거북이의 달음박질 경주는 애초에 게임이 되지 않는다. 그러나 거북이의 승리로 끝남을 우리는 잘 알고 있다. 시인은 뱁새의 삶도 인내와 근기로 자기의 특성을 살려 도전할 수 있음을 암시한다. 그렇다. 처음부터 게임이 안 된다고, 실패가 두렵다고 아예 포기하는 것은 무사안일주의이다. 시인은 황새의 꿈을 접지 않는다.

키를 키우며 발바닥에 물집이 잡히도록 뛰어다니며 스펙을 쌓는다. 황새를 롤모델로 제 운명을 뛰어넘고자 각고의 노력을 한다. 인간 사회에서 벌어지는 각축전에서 비록 스트레스를 받지만 위축되지 않고 꿈을 키워 나간다. 경쟁이 반드시 나쁜 것만은 아니다. 사회적 도전도 학구적 도전도 실현하기 위해 열공하고 실패하면 전략을 세워 재도전하며 인간승리를 일궈내는 사람들이 있다. 시인은 비록 작은 뱁새지만 황새를 쫓다보면 수리를 낳을 수 있다고 결코 자아실현의 이상을 포기하지 않는다.

사각의 가방에는 무엇이 들어있을까
뿔테안경과 돋보기 노트북 계약서 등
냉커피 대신 땀방울도 한 컵은 들어차 있을 것이다

양복은 소금에 절여진 배춧잎처럼 후 줄 근
종일 뿌연 모래사막에서 탈출하려는
자신과 대치중인 심장을 다독이지만

방싯거릴 토끼 눈을 떠 올리며
도시의 빌딩숲을 누비는 남자, 시간이 어긋나도
하얀 가운을 입은 원장님의 진료가 끝날 때까지
복도에서 웅크리고 있는 달팽이

아들 딸 공부와 결혼기념일 약속도 담긴 저 캐리어
언제쯤 생계의 파문이 가벼워질까
고향 산천 숲으로 돌아갈 꿈을 꾸면서 언젠가는
사막을 헤맨 발자국이 차곡차곡 쌓여가지만

벼르고 벼르던 밥줄 같은 계약서

오늘은, 도장을 찍지 못했을까.

- 시 『숲을 끌고 가는 캐리어』 전문

위 시는 캐리어carrier와 커리어carrer의 미묘한 언어 차이에서 시를 해석해 본다. 커리어는 기업, 직업생활, 경력 등 정기적으로 직장생활을 하여 페이를 받는 직업인을 말한다. 커리어는 일하는 동안 경력을 쌓는 것을 의미하며 그 경력은 사회적으로 중요한 가치를 발휘하는 것으로 자아실현과 직결다. 커리어는 사회적 중요한 경륜이 되므로 사람들은 개인적인 스펙을 쌓기 위해 집중하며 목표를 향해 달린다. 커리어는 그가 어떤 삶을 살고 있는지를 보여주므로 사회적 가치가 있으며 개인의 만족도를 높여주어 삶의 질을 가능성의 길로 확장시킨다. 누가 어떤 조직에서 일하고 있는가는 그 사람에 대한 간접 이력이 된다. 캐리어는 항공사, 수송회사, 보균자 등 여러 가지 의미가 있지만 주로 우리는 여행 가방으로 이해한다. 남자의 캐리어는 크고 무겁다. 사각의 가방에는 고단한 일과가 들어 있으며 삶의 땀방울과 눈물이 들어 있다. 자식들의 눈동자를 떠올리며 빌딩 숲을 누비는 시 속의 남자는 바로 화자가 아닐까 유추해 본다. 캐리어는 밥줄이며 생존경쟁에서 물러설 수 없는 생명줄이다. 캐리어는 커리어이며 커리어는 캐리어인 것이다. 시인은 오늘도 그에게 주어진 일이라 생각하고 묵묵히 해낼 뿐이다. 시가 그의 짐을 좀더 가볍게 들어 올려주길 바란다

양수에 잠긴 열 달, 태아는 꿈을 꾸고

둥근 지구는 조금씩 실금이 가기 시작한다

시간이 고드름처럼 자라는 동안 등뼈는 녹아내렸지, 저물녘까지 돌아오지 않은 한량이신 아버지와 꽃송이 같은 사랑을 다 써버린 세월, 황폐해진 겨울나무처럼, 원시림 숲을 가꾸듯, 불모지의 들과 산천을 누비며, 여장부로 뿌리 질긴 검버섯이 번식하도록 다독일 시간 없이, 꼿꼿하던 관절은 삐꺽거리며 조율되지 않는 타악기로 굽어진 노새의 등엔 천둥소리가 지나간다

주렁주렁 대추알 같은 다섯 자식
옹이와 주름진 시절이 버석거리는 동안
귓바퀴에 이명을 털어내려 하지만
이젠 보청기에도 세상소리 듣지 못하고
잇몸이 무너져, 틀니로도 지탱 못하니
산해진미인들 그 맛을 모르니 가슴 저미네

요람에서 백년을 맞이하기까지
문풍지처럼 덕지덕지 파스로 도배한 육신
바람소리도 듣지 못하는 빈집에서 자식들 기다리며
움켜쥐었던 시절을 놓아버리지 못하고

삭풍에도 불씨를 품고 살아온 할미꽃으로
엄마의 가슴에도
뜨거운 심장이 있을 것이다.

— 시 『자궁의 가계家系』 전문

요즘 병원에 가면 의사는 가족력부터 묻는다. 가족 중 누가 무슨 병이 있는지 유전정보를 알아본다. 암, 고혈압, 당뇨, 골다공, 고지혈 등 유전적 DNA 정보가

기록된다. 다음 세대 자손들은 가계를 통해 유전정보를 확인하게 된다. 가계는 보통 삼 대가 기본이지만 위 시에서는 아버지 어머니 양친에게서 태어난 오남매에 대한 직계 가족의 이야기가 중심이다. 특히 어머니에게 집중하여 모성 본능을 그리고 있다. 1인 가구가 대세인 현대에 오남매를 키워낸 어머니의 몸은 낟알을 떨구어낸 쭉정이와 같다. 그러나 노년의 어머니 마음은 그 자체로 발효된 성숙한 마음이다. 성숙한 마음은 깨달은 자이다. 90넘은 노모는 보청기에도 세상 소리를 듣지 못한다. 들을 필요가 없는 지혜의 신神인 것입니다. 그러나 그런 어머니를 바라보는 시인은 안쓰럽기만하다. 평생을 베풀며 희생으로 살아온 노모의 두 손을 꼭 잡아주고 싶은 효심이 가득한 시이다.

천 시인의 시 세 편을 해석해 보았다. 이 외에도 그의 시를 분류해 보면, 꿈을 잃지 않은 도전의식의 시, 어머니에 대한 효 의식의 시, 자연의 풍경을 노래하는 시들로 구성되어 있다. 그의 시들은 굳은 의지의 표명이며 치열하게 살아온 삶은 소박하고 성실하게 살고자 함이 시의 편 편마다 질타와 위안으로 생동감 있게 살아 꿈틀거린다. 이병주 선생은 소설『지리산』에서 "햇빛에 바래면 역사가 되고 달빛에 물들면 신화가 된다"고 했다. 시인의 서늘하고 고독한 삶이 시의 온기로 안아주어 역사가 되고 신화가 되길 희원한다.

시인의 말

시 한편 쓰기까지
수많은 날들이 골몰하게 하지만
세상으로 나갈 시를 생각하면
많은 분들이 생각나는 오후 한나절
조붓한 오솔길에서 초로初老의 비망록에
괜찮아 괜찮아 툭툭 일어서는 나의 시들

잉걸불 검푸른 밤에도
속앓이하다 하얀 날을 맞이하고
썰물처럼 빠져나가는 심중을 감추고
그 길 끝에 무엇이 기다리고 있는 줄 모르고
애면글면 웃다 울다 모질게 쌓이는 상처들

절뚝이는 시간들 온 생을 뒤돌아보아도
저릿한 저녁을 맞이하지만
하루치를 보내고 오늘을 기록하면서
흩어진 문장들을 헤아리며
늘 글 쓸 수 있기에 감사한 마음으로…

2025년 7월 삼복에
사강의 아틀리에서
시인 **천도화**

차례

서문 자아 인식과 그 미학의 실체   **지은경**
시인의 말

1부

우산이 걸어온다	18	연뿌리의 힘	26
또 다른 그늘꽃	19	숨비소리	27
기척도 없이	20	천부경	28
도시 거북이	21	핑크 노랑	30
고슴도치 사랑	22	부실 공사	31
숲을 끌고 가는 캐리어	23	바람의 공약	32
자궁의 가계家系	24	도마와 그녀	34

2부

탄소중립의 관심	38	비단 꽃 시절	48
지구의 반란	40	낱말들이 흩어지다	49
콩 주머니	42	긴급 수술	50
산란의 해부학	44	인연의 유통기한	51
허공을 조망하다	45	무쇠솥밥	52
양철지붕 너머로		바닷자락 해망산	53
설익은 저녁	46	뱁새는 황새를 쫓아가다	54

3부

너도, 꽃	58	풍경을 짓는 시간	70
터지는 봄	60	엇박자	72
그럴 수 있지	61	수미산보다 더 높은 산	74
어쩌면 나인지도	62	허생원의 찻집	75
소나무 묵은 기도	64	무작정 떠나다	76
시월과 십일월의 거리	66	동아줄	78
사강에 부는 바람	68		

4부

선유도의 안부	82	귀천에 귀천을 만나다	90
보일 듯 말 듯,		달의 목소리	92
있는 듯 없는 듯	83	참새수행	94
내 몸 어디에서		36.5℃의 피안	95
가시가 자랄까	84	저녁별 아래	96
당신의 뜨락	86	그곳 헤이리	97
손 편지 쓰던 밤	87	몽마르트르 언덕	98
심장과 심중의 관계	88	막걸리 한잔	100

5부

펜과 종이	102	회귀를 꿈꾸다	114
잃어버린 것은	104	안토니오, 에밀리아	116
명함의 명암	106	크루지아나 궁전	118
손의 각도	107	커리어우먼들의 열정	120
기록하다	108	상견례	122
도시의 아침	109	7번국도 따라, 그곳에	123
애써 아닌 척	110	화투놀이	124
노신사의 출근길	111	가까워진다는 것은	125
목청을 높이다	112	산기슭 둥지	126
소리와 소리	113		

1부

우산이 걸어온다
또 다른 그늘꽃
기척도 없이
도시 거북이
고슴도치 사랑
숲을 끌고 가는 캐리어
자궁의 가계家系
연뿌리의 힘
숨비소리
천부경
핑크 노랑
부실 공사
바람의 공약
도마와 그녀

우산이 걸어온다

비요일 빨강 하이힐 또각또각
노랑우산을 쓴 여자
발등에 떨어지는 빗방울 헤아리며 걷는다

하늘거리는 원피스에 하루치의 멋을 부리고
옷 좀 젖으면 어때, 화장이 지워져도 좋아
헝클어진 머리에서 빗물이 뚝뚝 떨어져
빗방울은 어디론가 튀고 있었지
온종일 속살거리는 궂은비에 허둥대는 어지럼증들
빗물에 환청으로 따라오는 푸른 눈물은
얼마나 더 울어야 그대 가슴에 전해질까

머릿속에 그대라는 이름 하나
흐릿한 시야에 다가온 그가
빗물인지 눈물인지 앞을 가리고 있었다

그 여자 비에 젖은 하루치의 무게를 견디며
빗방울처럼 두근두근
베르테르의 슬픔이 울고 있는
어느 골목 끄트머리에서.

또 다른 그늘꽃

빛 그림자 머물다 간 자리에
거뭇거뭇한 꽃이 자라는 동안
뙤약볕 파고 든 자리마다 불거진 그늘을 숨긴 채
온갖 바람이 들락거리며 제비꽃 밀어낸 자리마다
검버섯 꽃이 자라고 있다

경계가 뚜렷한 틈새로 그늘을 드리우며
겹겹이 쌓인 숲의 저승꽃은 산 그림자로 내려왔다

태양은 뾰족하게 촘촘히 박힌 뿌리를 지지고
작은 숲 하나 태우며 재가 된 자리마다
퇴행의 흔적위로 새살 차오를 때까지

유효기간이 지난 재생의 흔적 사그라지면
또 다른 숲에서
클레오파트라, 황진이로 돌아와
햇살과 구름과 바람이 들락거리며 무엇으로 환생할까

한 겹씩 벗겨져 나간 검은 꼬투리 털어낸 자리마다
실핏줄 꽃은 고운 자리 되찾아 가는 날
꽃 피는 숲을 이루며 안부를 묻는다.

기척도 없이
 - 꽃무릇

보름달이 창을 기웃거리지만
언제부턴가 알리지도 못하고
꽃 수술 잠깐, 기억을 흔들어보지만 대답 없어
몸부림치며 달그림자 따라 도는 궤적

곧 사라질 얇게 펴놓은 흔적까지도
허락 없이 아픔까지 사랑한 죄 너무 커
꽃과 잎이 만나지 못하고 서성이는 꽃무릇

담장 아래 발소리 숨겨도 얼굴 한 번 볼 수 없음에
목소리 한번 들을 수 없어도 바람소리에 향기 실어
잡아 줄 손 기다리지

세월을 딛고 일어서도
목이 긴 꽃대는 담장을 넘기지 못한다는데
성근 이름 하나 애끓는 내 안에
고독처럼 서성이는 그림자가 들어찰 뿐

사랑을 잃어버린 바람 속으로
속눈썹이 길어 슬픈 사슴이기에.

도시 거북이

누구를 찾아 헤맬까
신발도 신지 않은 남루한 차림새
해거름에 땅바닥을 기며 어디로 가는 것일까

한때 푸른 초원에서 숲을 키우는
담금질로 청춘을 불사르며
느릿한 거북이 도시를 탈출하려 몸부림치지만
큰소리치며 살았을 그 흔적은 보이지 않고
가시덤불 헤치며 소싯적 거구는 시간에 멈추었는지
이글거리던 눈동자는 격랑의 세월에 묻혀버렸다

집 밖이 궁금해서일까
길 위가 벼랑 끝일지라도, 매일 지구 한 채 끌고 나오지만
자신의 생계를 짊어졌던 청춘은 이제 길바닥에 주저앉아
늘 정해진 도시의 궤도를 돌 뿐이다

간절한 표정이지만 차가운 시선들을 피하려할 뿐
물기가 다 빠져나간 앙상한 육신으로
거친 숨소리 네 발로 기어서라도
거르릉 거르릉
푸른 풀밭에서라도 살고 싶은 거북이 한 마리.

고슴도치 사랑

자신을 방어하려 웅크린 고슴도치
등에 짊어진 일만 육천 개의 가시를 촘촘히 매달고
짧은 다리로 엉금엉금
고단한 푸른 별을 횡단하지

야생에서 십여 년을 살지만
반려동물로 육년을 살아야한다는 고슴도치
가까이 하면 상처받는다고
내 몸에 난 가시로 누군가를 아프게 하였던가

관절에 금이 간 말장화를 신은 마부들은
칸칸의 방에서 드르렁 쾅쾅쾅
온몸에 흐르는 전율로 마사지를 받으며
찜질로 통증을 완화시키지

전기치료 물리치료 부항자국이
온몸에 공생하는 통증을 찾아내
박힌 가시를 뽑아낸다

머리 어깨허리 엉덩이 다리에 통증을 견디는
수십 개의 가시
잠시 고슴도치가 되어 콕콕콕.

숲을 끌고 가는 캐리어

사각의 가방에는 무엇이 들어있을까
뿔테안경과 돋보기 노트북 계약서 등
냉커피 대신 땀방울도 한 컵은 들어차 있을 것이다

양복은 소금에 절여진 배춧잎처럼 후 줄 근
종일 뿌연 모래사막에서 탈출하려는
자신과 대치중인 심장을 다독이지만

방싯거릴 토끼 눈을 떠 올리며
도시의 빌딩숲을 누비는 남자, 시간이 어긋나도
하얀 가운을 입은 원장님의 진료가 끝날 때까지
복도에서 웅크리고 있는 달팽이

아들 딸 공부와 결혼기념일 약속도 담긴 저 캐리어
언제쯤 생계의 파문이 가벼워질까
고향 산천 숲으로 돌아갈 꿈을 꾸면서 언젠가는
사막을 헤맨 발자국이 차곡차곡 쌓여가지만

벼르고 벼르던 밥줄 같은 계약서
오늘은, 도장을 찍지 못했을까.

자궁의 가계家系

양수에 잠긴 열 달, 태아는 꿈을 꾸고
둥근 지구는 조금씩 실금이 가기 시작한다

시간이 고드름처럼 자라는 동안 등뼈는 녹아내렸지, 저물녘까지 돌아오지 않은 한량이신 아버지와 꽃송이 같은 사랑을 다 써버린 세월, 황폐해진 겨울나무처럼, 원시림 숲을 가꾸듯, 불모지의 들과 산천을 누비며, 여장부로 뿌리 질긴 검버섯이 번식하도록 다독일 시간 없이, 꼿꼿하던 관절은 삐꺽거리며 조율되지 않는 타악기로 굽어진 노새의 등엔 천둥소리가 지나간다

주렁주렁 대추알 같은 다섯 자식
옹이와 주름진 시절이 버석거리는 동안
귓바퀴에 이명을 털어내려 하지만
이젠 보청기에도 세상소리 듣지 못하고
잇몸이 무너져, 틀니로도 지탱 못하니
산해진미인들 그 맛을 모르니 가슴 저미네

요람에서 백년을 맞이하기까지
문풍지처럼 덕지덕지 파스로 도배한 육신
바람소리도 듣지 못하는 빈집에서 자식들 기다리며

움켜쥐었던 시절을 놓아버리지 못하고

삭풍에도 불씨를 품고 살아온 할미꽃으로
엄마의 가슴에도
뜨거운 심장이 있을 것이다.

연뿌리의 힘

하나의 줄기를 붙잡고
물에 떠 있는 연잎
한 방울의 물도 잎에 오래 머물지 않는다

비 그친 놀란 연못에 동그라미 그리며 번져가는
푸른 이파리 위에
개구리가 폴짝 뛰어오른다

부력의 중심을 붙잡고 피어나는 꽃살무늬
넝쿨도 가지도 치지 못한, 진흙 속 줄기마다
연근의 빈 구멍은 하늘이 드나드는 통로에 달무리 지는 밤
연못의 자궁 속에 여린 줄기로 뿌리를 내리지

물위에 살림을 차린 연꽃
제 것이라곤 물 한 방울 채우지 않는
탁한 연못에 생기가 넘친다

햇볕에 그을려 달아오른 하루
바람 불어도 질긴 탯줄에 튼실한 연뿌리와 연밥
연잎은 차로 다 내어준다.

숨비소리
 - 2024년 지하철 스크린도어 공모시

한평생 허리에 생명 줄 묶고
별다른 장비 없이 테왁과 망사리 빗창으로
전복 멍게 뿔소라 성게를 긁어낸 바다는
빈자리를 다시 채워 넣는다

파랑이 일렁일 때마다
미역귀에 숨은 씨앗들이 물결을 타고 번져
바위를 파랗게 뒤덮으며
해초는 쉼 없이 자라 출렁거리는 푸른 파도가 된다

도시를 떠나온 그녀
머구리 삼촌을 따라 바다의 이랑을 타는 물질을 배워
바다에 들면 지느러미가 돋아난다고
망사리를 가득 채워 참았던 숨을 내뱉을 때마다
깊은 바다를 오가며, 한나절의 노동이 무거워진다

먹구름에 파도가 높아지는 시간
검은 바다가 문을 닫고, 물질을 잠시 놓을 때
땅콩 고구마 농사일에 억척인 그녀
산처럼 밀려오는 파도에도 쉴 틈 없이
제주도의 바람마저 그녀 앞에 수그러진다.

천부경 *

척박한 곳에서 꽃피우던 산골 소녀
가진 것 없이 함부로 벌써와 아직 사이를 오가며
붉으락푸르락하는 유혹의 바람에도
그 험준한 산길을 오르고 내리고 여기까지 돌아오는 동안

흔들리며 넘어져도 키를 높여서 푸른 숲이라도 가꾸려
앞만 보고 여기까지 온
뱁새는 황새를 쫓아가지 못하였지만
인연의 끈은 돌아 돌아온 불꽃같은 사랑이었지
심장은 터질듯이 뛰었지만
시들지 않는 불꽃의 열정 다 써버리지도 못했네

박수를 받고 떠날 때를 놓쳐버리고 여기저기서
무성한 소문에도
부질없는 욕심은 파란의 일상에 부딪혀도
인연의 고리에 묶인 시퍼런 아픔에 만나고 떠나보냄에
여전히 그가 오길 기다릴 뿐
아직도 뜨거운 가슴에 똬리를 틀고 머뭇거리기만 한다

허둥지둥 필사적으로 무엇을 쫓고 있는지
온기를 느낄 틈도 없이 싸늘하게 빠져나가는 꿈

바람의 문장을 해독하지 못하고 침침해져가는
속눈썹에 비밀을 숨기고
가뭇없이 이젠 그 끈을 놓아야 하는데
새까맣게 타들어가는 심중을.

* 천부경-- 가질 수 없는 것

핑크 노랑

무늬만 청춘인 사람들
오늘도 좌석은 만석이다

27번 버스, 친절한 기사님
- 손잡이를 잡으시고 안전하게 기대세요 -
정류장마다 일일이 안내방송을 한다

노랑 자리에 앉은 파릇한 청춘들
다리 불편한 어른이 곁에 와도 일어나지 않고
연신 핸드폰만 만지작거린다

보다 못한 운전기사
- 노랑 자리 비워주세요 -

그래도 꿈쩍하지 않는 십대들
마지못해 옆에 선 할머니가
- 학생! 이 자리는. 어르신들께 양보 하세요 -
그러자 멋쩍은 듯 슬그머니 일어선다

배려와 배려가 서로 자리를 바꾼다
칠십대와 십대가 잠깐 웃음으로
느슨하게 어우러진다.

부실 공사
- 성형시대

눈 밑에 고인 시간을 비워준다는
전단지가 길거리에 밟히고 펄럭인다

늘어진 볼 살, 턱살 처짐을 팽팽하게 조여 준다는 광고
성형외과 간판들이 즐비한 도시에
소문을 듣고 지구를 돌아온다던 그 유명세는
익히 알고 있는 일
소리 없는 시간이 무게로 쌓일 뿐

깊게 파인 미간 팔자주름이 사라지고
어느 날 우뚝, 클레오파트라 콧대로 솟아올라
분탕질한 부실공사로 눈을 뜨고 잔다는 그 여자

부모님이 주신 DNA 모습으로 살아가는 것은
나를 그대로 받아들이는 일일진대
여과 없이 잘려나간 쪽에 새살이 돋는 사이
어쩌면 그녀의 욕망도 다시 돋아나겠다.

바람의 공약

서로 민심을 얻겠다고
알몸을 드러내듯 온갖 공약이 바람에 난무한다

구름도 모르쇠로 일관하는 하루, 미세먼지 뿌옇게 뒤집어 쓴 거리엔 자동차가 뿜어내는 매연 속에 구름과자가 떠다니고 길 위에 널브러진 명함이 밟히며 확성기로 쏟아내는 미망이 난무한 말말말, 누구를 선택해야 할지 머릿속이 복잡하지만 바람도 어지러워 골목을 빠져나가지 못하고 갇혔다

살기 힘든 살림살이, 민심은 현실에서 뒷전이고
메마른 가슴에 질문을 숨겨두지만
서로 낸 흠집이 상처로 남아 씁쓸히 부메랑으로
내일을 알 수 없는 독백이 차오를 뿐이다

사람의 마음을 얻지 못하면서
무엇을 구하려 하는지
눈을 크게 뜨고 귀를 열어놓고
자신과의 약속을 먼저 지키길

자칫 바람을 잡았던
악착같은 그 열정 때문에 추락하지 않기를.

도마와 그녀

그녀는 늘 그 자리에서 누군가를 기다리는 시간
퇴근길에 지친 남자가
좌판을 훑어보다 동태 한 마리 주문한다

비늘이 덕지덕지 묻은 비릿한 장갑에
칼 한 자루와 한 몸이 된 그녀
시퍼런 칼날은 꽁꽁 언 생선을 내리치니
도마가 그 힘을 받아준다

묵은 감정들이 달라붙어
무자비하게 단칼에 내리칠 때, 힘겨움도
토막토막 잘려지는 저녁의 꼬리

종일 동동거린 난전에서
하루치의 끝을 감독한 파장의 시간에
말끔한 양복차림의 사내가 동태를 받아들고
비릿한 분절음에 들리지도 않은 소리로 감사하다며
쭈뼛쭈뼛 어색하게 부끄러운 듯 사라진다

늦은 저녁꺼리를 준비하려 허둥지둥 난전을 떠난
남자의 뒷모습을 바라보다

왠지 축 처진 어깨가 쓸쓸해 보인다고
멋쩍은 듯
그녀는 내게 눈웃음을 전한다.

2부

탄소중립의 관심
지구의 반란
콩 주머니
산란의 해부학
허공을 조망하다
양철지붕 너머로 설익은 저녁
비단 꽃 시절
낱말들이 흩어지다
긴급 수술
인연의 유통기한
무쇠솥밥
바닷자락 해망산
뱁새는 황새를 쫓아가다

탄소중립의 관심
-1℃의 경고

온실가스가 기후를 바꾸는
1'c의 경고, 먹이사슬이 무너지면
탄소중립을 지키려는 사람과 자연의 균형도 무너진다

미래저장고에 보관한 씨앗들
춥고 습한 날들이 긴 어둠의 터널을 견디며
성장을 멈춘 채 지하에 잠든다

기후변화에 사라지는 숲
하늘과 땅의 산불 재난에 몸살 앓는데
호수에 비추던 제 그림자 지우며 미궁에서 결핍되어간다

기상이변이 범람하는 바다
집중호우와 거대한 태풍 앞에
붉은 아가리로 온갖 부유물을 토해내는데

화염에 녹아내리는 얼음산
머지않아 수많은 도시가 물속에 가라앉을지도 모른다고
자연의 파동이 인간에게 경고음을 보내건만
열대와 아열대에 스민 지구는 순환하지 못한다

숲을 찾지 못한 태양은 사막을 배회하고
혓바닥만 쩍쩍 갈라지는 땅
불안한 지구도 블랙홀에 빨려 들어가고 있다.

지구의 반란

억만년 땅속에서 차올라
걸쭉한 죽처럼 흐른 마그마, 휴화산은 활화산이 되어
지표면을 뚫고 참았던 열기를 분출한다

점점 병들어 가는 지구
오래전 바다에서 밀려난 산호화석
제 모습 찾으려 사막을 헤매다
도시의 수족관에서 고향을 그리워한다

남극의 빙하가 쉼 없이 녹아도
경로를 바꾸지 못하는 지구의 도시들
바다에 잠겨 점점 높아지는 해수면
고래와 상어가 자취를 감추었다

궤적을 돌아 지구를 흔들고
파랑이 쓰나미를 몰고 다닐 때
과부하에 걸린 물의 근육들, 울컥울컥 부유물을 게워낼 때
인간들의 방심에 지구는 중병을 앓는다

단단한 기억의 뼈도 직립을 견디지 못하는
내 안의 염증을 치유하듯
산불이 쓸고 간 민둥산에 나무 한그루라도 심으며
숲이 무성해 지는 날
새의 날갯짓으로라도

자꾸 고향을 찾아가는 꿈을 꾼다.

콩 주머니

마디마디 종자 씨앗 속에
셀 수 없는 바람을 담고
낮과 밤을 끙끙 앓다가 침잠하는 일상

사라호 태풍에도, 천둥벼락 땡초 시집살이에도
그나마 직립으로 걸어온 굽이굽이 길
간절한 기도를 품은 불심은
오롯이 자식 위해 칠성단에 촛불 밝히는 할미꽃

가지 많은 소나무에 굽은 등뼈로 무너지고
삼단 머릿결 흐드러진 갈대로
고통은 씀바귀보다 더 쓴, 질경이보다 질긴
시집살이 설움에 그 세월을 어찌 살아오셨는지요

고왔던 청춘은
산비탈에 스며드는 봄을 기약하지만
거칠고 투박한 갈퀴손엔 콩 주머니 씨줄 알알이 영글어
굽어진 등뼈로 잠들지 못하는 기력이 쇠잔해져간다

뼛속을 파고드는 아흔 셋 거미줄 같은 여정
불꽃같은 삶이 무거운 짐을 얹고

주렁주렁 마디마디 콩 주머니 시술하지 못하고
엄마는 잠시 꿈속에서 다녀온
흐릿한 저승의 바다.

산란의 해부학

화천에서 바닷길 따라 태평양으로 떠나
무거운 배를 끌고 남대천으로 향하는 모천회귀

물결이 마르기 전 이끼 낀 저 강 속의 천적들과 맞서 폭포와 소용돌이에 거스르는 물살에도 일생에 한번 산란의 공을 들여야 하기에 돌아온 강에 연어의 고행, 유전자의 포말은 물살에 휘말려도 모정의 끈을 놓지 않는데 수컷은 흔적을 남기고 떠났지만 아가미가 거무죽죽해질 때까지 돌아온 강에 산란을 지킨다

찢겨진 입술로 숨을 토해내며 꼬리엔 상처투성이로
마지막 혼신을 다해 버티다가
새끼들을 남기고 빈 몸으로 강물에 흐른다.

허공을 조망하다

허공에 휘날리는 만국기
시장상가 대형마트 골목에서 파닥파닥 펄렁이다
행사세일로 파랑새들은
들숨날숨 어둑한 하늘을 밝힌다

상가 기공식 체육대회 만국기들, 고정되지 않은
바람에 휘날릴 때면
화려한 날갯짓은 멈출 줄 모르고 지구촌이 깃발을
꽂은 자리에
돈 국기가 형형색색으로 물들이는 상술
황초롱 불 밝히며 모음과 자음이 옭아맨 바람이
널뛰며 흩어지다
생존경쟁을 위한 뱁새는 탁란하는 뻐꾸기와
어울리지 못하는 울림이 흔들린다

잠시 멈춰 섰던 거리에
미완과 모순의 상형문자처럼
거푸집 위의 만국기들 훑고 가는 파랑
날개도 없이 공중을 낚아채려한다

거미줄에 걸린 깃발엔
조망권을 벗어나려 발버둥치지만
허공에 매달린 광고국기는 장사의 신을 부른다.

양철지붕 너머로 설익은 저녁

바람 타고 가는 익숙한 길
산자락에 스쳐 가는 추억 한 자락
용암산 바위에 숨어 빠끔히 지켜본다

가곡천 골짜기는 말라버린 지 오래
칠성대 북두칠성 푸른 별 하나 손에 닿을 것 같은데
첩첩 산골 숲의 문장을 끌어다 풍족하지 않은 살림살이에
한 톨의 씨앗은 바스락거리며 포자로 날아가 버리고
아버지의 키 큰 감나무엔 까치밥 몇 개 달려있다

삐걱거리는 대문을 지나 마당 한쪽 텃밭엔 바지런하던
일손이 떠난 지 오래
마음이 끓던 무쇠솥엔 먼지 뒤집어쓴 채로 눈물겹던
여백이 고여 있다
반질거리던 그릇은 버려진 채 빗물받이로 움츠린 바람은
어디쯤 머무를 것인지
온기가 식어버린 양철지붕 너머로 설익은 저녁 안개 꾸물
꾸물 넘어가고
손닿을 것만 같은 별똥별은 그대로인데

사방이 온통 저물어 가는 밤 무논에 개구리 울음소리
낯설기만 한 이쪽과 저쪽의 소리는
기억을 기억하지 못한다.

비단 꽃 시절

곤한 잠을 깨우는
기세등등하던 매미도 때를 알고 떠나는데
작정이라도 한 듯 비단 꽃을 털어내는 흔적들
성성하던 미간은 점점 윤기를 잃어간다

모세 혈관 따라
부석부석 검버섯은 소리 없이 찾아들고
손등에 얽히고설킨 나무뿌리 심줄은 공생하자고
갈라지고 깨진 손톱이 날카롭다

부질없는 명함엔, 치열한 언어들이 꿈틀거리고
속절없이 무너지는 마음 일으켜 세워도
기어코 상처난 자존심은 치유할 길 없이 토닥여보아도
길이 사라지거나 휘몰아치는 눈발에도
마추픽추 산맥을 돌아오듯
애끓는 관계가 어긋나도 가야하는 길

붉으락푸르락 고단한 여정, 이별 없는 무게를 짊어진
쉼 없이 걸어온 생의 옹이들 떼어내지 못하고
습새가 푸석푸석한 둥지로 착각
서리꽃에 알을 품는다.

낱말들이 흩어지다

이지러지는 그믐달처럼 생각은 암전되어
밤새워 흩어진 퍼즐을 맞추려 하지만
시어의 모습은 점점 멀어지고 있다

날선 바람소리에도 수없이 울리던 카톡 카톡
하루치의 기분을 점치기라도 하듯 무념무상
차라리 무음으로 돌리고 외면해버린다

너무 멀리 가버린 언어들
온몸으로 문장과 타협해보지만
밤새 쌓인 어지러운 파지뿐이다

외면당한 파지들 포기하지 않으려
기우뚱 거리는 통증을 견디며
끊임없이 쓰고 또 쓰고
속 끓이다 충전하며 새우등 책상에 앉는다

포스트잇의 흔적이 수북한 행간에
다시 펜과 종이로 달아난 밤을 붙잡고
여명이 밝아올 무렵
흩어진 시어를 겨우 주워 담는다.

긴급 수술

남몰래 어둠속에서 흘리는 너의 눈물
심장까지 후벼 파는 독한 마음을 삭이지 못하고
숨어서 새까맣게 녹아내렸지

바람과 햇살에 바짝 말려
더 단단해지려 해도, 제 몸 하나 가누지 못하고
그 속에서도 진물 흘리며 싹을 밀어 올리지만

잠시 방심한 사이
고약한 냄새로 먼저 기미를 보내는데
미련한 건지 외면한 건지 감지하지 못했지

썩어 문드러진다는 말…

끝내 주범을 발견하였을 때
아차 싶어 망 속에서 너를 전부 수습하고
긴급 절단 수술에 들어갔지

민감하고 연약한 속살은 갉아버리고
알맹이를 수습하여 양파김치를 담고 장아찌도 담고
식탁에 오기까지
독하고 알싸한 너를 거부할 수 없기에.

인연의 유통기한

인연의 씨앗을 가슴에 품고
잔잔한 바람을 만나러 나선 길
곁눈질로 다가오는 설렘으로
가슴앓이 밀어내려 하네

끊어질 듯, 끊어지지 않은 인연
애절한 발라드 소리에 쿵쾅 거리는 심장은 멈추지 않고
애틋한 기다림은
그리움에 지쳐 자글자글한 심사로
모란이 피고 지는 사이 꽃비로 온 당신

싸늘하게 스며오는 바람소리에
목마름은 늘 찾아오지만
단단하던 무게의 기한이 지나면 거칠어져 가는 숨소리
부스스한 머릿결은 희끗희끗 윤기 잃어가네

가깝고도 먼 길 영원할 것 같았던 속 끓이던 울음
조금씩 버티다가 속절없이 붉어지는 언약에
벙글어진 봉오리 흔들리다 피듯이
애태우던 시절도 이젠 체념이라도 하듯

가만히 꽃피울 날
외눈박이로 허공의 파장을 읽는다.

무쇠솥밥

엄마의 정지
조왕신*에 집안의 무사함을 빌고
부뚜막에 정화수 떠 놓고 복을 빌었지

식솔이 많을 때 절절 끓던 무쇠솥, 녹슬지 말라고 들기름 칠하고 반질반질 닦아 보리 차조 수수 감자 쌀 한 줌 넣고 밥을 지었지 하얀 고봉밥은 할아버지 아버지 몫, 솥뚜껑 둘레에 물방울 송글송글 맺히면 뜸 들어가는 신호, 부지깽이로 잉걸불 꺼내 된장찌개 끓이고 양미리 임연수어를 구웠지

푸짐하던 고봉밥만큼
두레밥상에 다섯 남매 웃음소리 시끌벅적
박박 긁은 누룽지 우리들의 간식이 되었지
죽정이 한 알이라도 챙기던 엄마 굽은 세월 등에 업고
마디마디 속울음 삼킨 옹이 박힌 손으로
물을 데우려 무쇠솥에 불 지피는 엄마

한결같이 곁을 지키지 못함에
미어지는 가슴
엄마 홀로 모두가 떠나버린 빈집을 지킨다.
   * 부엌의 길흉화복을 맡아보는 신

바닷자락 해망산

그곳에 가면 물굽이 너머로
LNG 건물이 호산 청정바닷가에 자리 잡고
윤슬에 반짝이던 열아홉 살에 멈춘
뭇별의 그리움이 있다

푸른 별이 정수리에 떠오를 때까지
백사장에서 파도 소리와 노래하던 청춘들
첫사랑 고백하던 까까중, 그 아이가 궁금해질 때
지척인 그곳 해망산 바닷자락에 간다

덕풍계곡에서 솔섬을 돌아 동해로 흐른 물길 따라
황어 은어가 물살을 거슬러 오르던 가곡천엔 물
마른 적 없었지
건설이라는 미명아래, 집집마다 철철 넘치던 고기들
이젠 그 강을 오르는 물줄기를 잃어버린 지 오래다

가곡천 굽이도는 자드락길엔
개발이라는 이유로 산 하나가 사라지고
운무에 가려진 신기루처럼 떠 있는 솔섬

섬이 아닌 섬
해망산에 머물 수 없는 가시나무새는 어디에서
울고 있을까.

뱁새는 황새를 쫓아가다

너무 먼 그곳 땅 끝이라도 가고자
푸른 별 잡기보다 갈 길은 멀기만 하였지
이젠 붉은 피돌기는 느릿느릿할 뿐

숲이 아닌 숲에서 작은 씨앗하나 키우려 하였지만 나무 한 그루 식목하지 못하고 열대야를 오가는 지구의 숲에서 아마존이 사라지는, 억겁의 시간에도 뱁새는 뱁새 일 뿐 황새 따라가려 아무리 발버둥 치고 쫓아가려 해도 파동은 길었지 성큼성큼 갈수 없음을 찬찬히 걷는 일이 더 멀리 갈 수 있어 기우뚱거리며 내 옷도 아닌 옷을 걸치고 끊임없이 껑충거리지만 늘 우아한 황새의 긴 다리로 자유롭게 걸어가는 꿈을 꾸고 살았지

왜 그때는 몰랐을까
명함의 빈자리를 채우려 스펙을 담은 종이 한 장
무에 그리 애착을 갖고 뜬소문에도 바동바동 종종거리며
황새를 동경하였지

언젠가는 황새가 될 거란 불안한 높이로
성큼성큼 걷지 못하는 처절함이 도사리는 발바닥엔
키를 높이며 구두에 발을 맞추고 황새가 되려하였지만

아직도 황새의 꿈을 접지 못하는 것을

작은 뱁새라도 수리를 낳는다고
황새가 아니라도 여기까지 이만큼 올 수 있었다.

3부

너도, 꽃
터지는 봄
그럴 수 있지
어쩌면 나인지도
소나무 묵은 기도
시월과 십일월의 거리
사강에 부는 바람
풍경을 짓는 시간
엇박자
수미산보다 더 높은 산
허생원의 찻집
무작정 떠나다
동아줄

너도, 꽃

초록의 숲길을 돌아
가라앉은 몸, 열꽃이 피도록 멀미를 한다

적막이 사라져버린
고려산 골짜기 층층 틈바구니에
연분홍 싸리꽃이 소소리바람에 수런거린다

꿈꾸듯 스쳐가는 어수선한 어제와 오늘
들끓는 심사 비우는 날에도
앙증맞은 제비꽃 초롱꽃도 피우지만
보일 듯 보이지 않는다

산비탈 고요한 적석사 운무 속에
점점이 떠 있는 섬들은
잔물결에도 춤추듯 출렁거리는 파도 사이로
노을은 불빛의 흔적을 따라 스며들지만
부질없이 욕심을 끌고 온 기억의 파편들을
창 넓은 까치집에 주저리주저리 풀어놓고
녹차를 우려낸 맛과 멋에 향기로 마음을 채운다

한 아름의 그리움이 귓전에 맴돌아 온
가슴앓이
풍경소리에 씻어내린다.

터지는 봄

바람소리 시나브로 스미는 산자락에
풍경소리 계곡 물줄기 여과 없이 구렁을 타고
곁에 와 손을 잡는다

햇살 머물든 산사에 뉘엿뉘엿 산 그림자 내려오고
가벼운 발길 옮기려는데
깊은 산속을 떠날 줄 모르는 설렘은
바람의 근육으로 애틋한 그리움만 남긴다

수천수만 가지 번뇌를
사시불공 기도로 욕심을 내려놓고
참회진언 돌아보니
청정한 숲 적막을 깨우는 까마귀 울음 스산하다

잠시 혼탁한 도시를 떠나온 도반과 수행
푸른 숲으로 다시 오자는 약속이
무지갯빛으로 피어오르는 저물녘

은행나무는 피뢰침 보호로
천 백년을 살아온 고목의 수피에 다시 채워지는 봄
숨소리들이 가지마다 부푼다.

그럴 수 있지
 - 남한강 신륵사에서

적막을 깨우는 청아한 목탁소리에
무수한 언어의 파편들은
오만과 편견의 소문을 잠재우려 하네

풀숲에 부스럭, 소리에 문득 돌아보면
솔가지 사이에 전등불 깜박이는 그 너머로
고향집엔 여린 산소 같은 소녀가 있고
툇마루엔 할머니의 나물바구니가 있었다

티 없이 맑은 바람 속으로
신륵사 절집 앞, 육백여년의 향나무와 은행나무
남한강줄기 따라 황포돛단배 유유히 흐른다

체면과 위선이 가득 한 세상
켜켜이 쌓여가듯 장미 가시에 찔리는 것보다
혀에 박힌 가시가 더 아프게 하여도
휘날리는 바람결에 살포시 날려 보내리

풍경마저 잠든 산사의 고요 속으로
졸음이 출렁거리는 쪽마루에
환한 햇살이 내려온다.

어쩌면 나인지도
- 보광사 목탁소리

일상의 굴레를 벗어난 길
해 질 녘 만종소리에
산다山茶의 향기로 스며드는 시간

윙윙거리는 산바람 넘나들며 어디만큼 가야만 하는지 생채기만 끌어안고 있다 아무도 기다리지 않은 그곳까지 쉼 없는 울렁거림에 벌거벗은 나무숲이라도 변곡의 바람에 흔들리는 것들 꽃 진자리에 꽃 피고 지듯이 한평생 몇 번이나 둥근 달을 볼까 행복한 날 짧아질까 서러워하기는 아직 이른데

구름을 사랑하던 헤르만 헤세, 별을 기리던 생텍쥐페리를 가슴으로 이해한다고, 별 헤는 밤에 잠 못 드는 꿈이었다고, 잠깐 스치는 설렘은 산마루에 걸린 초승달이 애처로이 비추는 산길에서 속내를 털어버리지 못함에 애간장 태우며 늘 흔들리다 해종일 숲에서 무엇을 비우려 하였는지

당신이 부르는 환청에 또 다시 뒤돌아보니
비구니 스님의 청아한 목탁소리 울림뿐
당신은 온데간데없고
땡그랑 땡그랑 풍경소리 침묵을 깨운다.

소나무 묵은 기도

눈 덮인 산사에 자박자박 걸어가는 길
덕숭산 기슭 잔설을 다 받아 안은
무채색 풍경에도 발자국 따라 오르는
초가집 수덕여관 이응로 화백을 기억하는지

빛바랜 대웅전은
그대로 반겨주며 떠나보내며
적막한 절집에 가려진 이별은 한 시절을 끝내려는
작심에
산사의 매서운 칼바람이 막아준다

동안거에 스님들과 산사는 온통 혹한이다
묵언의 기도로 모든 것을 내려놓으며
산처럼 쌓인 굴곡진 길, 가끔은 아니라고
이 길이 순리라며 빈자리 채우려 해도 채워지지 않은
모호한 감정을 드러내지 못한다

울창한 근육질을 단단히 동여맨 소나무엔
끊어지지 않는 인연, 하늘엔 비익조로 땅엔 연리지로
또 다른 봄엔 또 다른 인연으로

그리움이라는 감정을 가슴에 묻어두고
언제 다시 이응로 화백을 만나러 올지
눈길을 자박자박 걸어간다.

시월과 십일월의 거리

단풍 내려온 북한산 골짜기

심중의 말들 애써 감추며
애끊는 심사 내려놓으려 오래된 절집에
준비해온 정성을 법당에 올린다

뒤얽힌 인연 바람으로 왔다간다지만
지나가던 바람소리 추녀 끝 풍경을 스칠 뿐
사라져버린 한때의 기억들은 잊히지 않고
엇박자로 파고든 불협화음을 잠재우려
관음전에 108번뇌로 상처를 꿰매듯 마음을 어루만진다

스치듯 헤아릴 수 없는 지나간 자리에
은근슬쩍 소문을 퍼트린 바람과 햇살에도
또 그 바람은 스며들 것이다

몇 겹의 세월 동안
무성한 시간에도 에너지가 고갈되어 버렸지만
통통 튀던 왁자한 웃음은 사그라지더라도
또 다른 길을 오르며 가도 가도 끝이 없는 길

산등성이엔 저토록 붉어진 노을마저
애틋하게 사라진다.

사강에 부는 바람
 – 프랑스아즈 '슬픔이여 안녕'

느릿느릿 급할 것 없이
짙푸른 산맥을 따라 겹겹이 풀무질로
가슴 뛰게 하는 메아리 음파로 번져간다

불꽃같은 이생 돌아온 길
철따라 피고 지는 사강의 언덕엔 가깝고도 먼 길 따라
초록의 소녀는 꽃봉오리 움켜쥐고
설레는 바람을 맞이하였지

연리지의 인연이라지만
녹록하지 않은 시절 열어보아도
숨어 우는 바람소리에 머물지 못한 사랑앓이로
사강의 산자락엔 늘 스며드는 봄을 기약하지

모란 작약 피는 프랑스아즈의 뜨락에서
그녀의 '슬픔이여 안녕'은 안녕이 아니라
뜨거운 사랑으로 다가온 바람소리 안으며
해질 무렵, 사강의 기슭에서 '브람스를 좋아하세요…'
책장을 넘기다가
애면글면 펄펄 끓는 심중을 다독이려 모과나무 아래서

떠나려는 종달새 울음소리 아련해지고
하루치가 저무는 노을이 섧기만 한 것은
완성하지 못한 문장은 어쩌라고 어쩌라고
어디쯤에선가 사강이 올 것 만 같은데.

풍경을 짓는 시간
 － 칠장사에서

조금 낯선 풍경
빗살 꽃살무늬 새겨진 단청 아래
들릴 듯 말 듯, 풍경소리 울림은 어디만큼 가는지

지나가던 바람도 낙엽과 휘적휘적
추녀 끝 풍경에 말을 건넨다
가슴 깊숙이 박힌 가시의 말을 뽑아내라고

세월의 비바람 견디며
고사목에 기댄 소나무에도 인연법이 있거늘
전생에 금슬 좋은 인연 이곳에서 푸름으로 만나
새소리 물소리 동반하는 청아한 골짜기에 곁을 주며
잠시 개망초 양귀비 어우러진 야생화 꽃밭에서
갖고 온 녹차 한잔씩 나누지만

길목까지 뻗은 노송이 반겨주는 아늑한 절집
문수보살의 묵언으로
가슴 한쪽에서 뒤웅박질하는 변죽에도
자꾸 시야를 어지럽히며 따라다니는 번뇌를 씻는다

윤회의 길을 돌아와
하루하루 애끓는 심사 다 털어버리니
기왓장 위에 내려온 풍경
늘 그만큼.

엇박자

수련이 반겨주는 백련사
그 많았던 발소리 잦아든 침묵 속에 날은 저물고
추녀 끝 풍경소리는 애처롭기만 하다

바람소리에 파고드는 울렁증으로
끈질긴 통증은 어지러운 가슴앓이 하네
팽팽하게 조여 오는 흐린 날처럼
한쪽이 우묵하게 파인 기억은 늘 절뚝거린다

문득문득 소리 없이 파고든 감정을 불협화음으로
잠재우려
잡다한 근심을 버리겠다고
백팔염주 굴리며 숨을 고른다

바람이 밀어내는 몇 겹의 시간에도
두터운 사립문, 무설전 너머로 숨소리마저 끊긴
하안거*
더 함도 모자람도 없는 묵언수행으로
산문 밖을 나서지 않는 스님들의 정진

인과의 고리를 해탈한다는
달마스님의 법문을 빌리면

-너그러울 때는 온 세상을 다 받아들이다가
한번 뒤틀리면 바늘 하나 꽂을 자리 없다고 한다.

* 음력 4월15일부터 7월15일까지

수미산보다 더 높은 산

산을 오르지 않아도 좋을
낮게 자리 잡은 사찰
지친 어느 날 문득 용주사로 달려간다

효 찰 대본산 화산 용주사
수행가풍修行家風 문화자산의 인연으로
천년 묵언을 수행하는 다붓한 절간에
오르기만 하는 것이 진리는 아니라고
웅성거리는 소리들이 앞서간다

시린 손보다 더 시린, 업도 인연 따라 만든다고
심장보다 더 붉은 꽃나무에 기대어보아도
사방천지 허공에서 나뭇잎은 이별하고
잡다한 번뇌는 또 다른 가면을 쓰고 다가올 테지

수없이 계절이 돌아와도
수미산보다 더 높은 보현행 품으로
깨달음을 향한 보리심으로
미움과 사랑과 욕심과 집착을 놓으려 하지만
보살의 마음이라.

허생원의 찻집

사방의 흙이 참방참방 일어나고
파르르 적당한 때를 기다리며
달빛언덕 아래 파도처럼 일렁이는 소금밭
눈송이처럼 휘날리며 문득 만날지도 모른다고

산허리에 걸린 보름달은 돌고 도는데
평생 장돌뱅이로 늙어간 허생원도 첫정의 그리움에
메밀꽃으로 환생하였는지
풋풋한 녹음에 어우러지는 시절 향기가 익어간다

벌써 흐드러진 메밀꽃
온통 희 디 힌 소금 꽃을 뿌려놓아
마을은 등불 밝히느라 분주하다

가녀린 대궁에 숱한 씨앗 주머니 매달고
눈부시게 피어 새끼손가락 걸어둔 약속
달빛에 은은하게 빛나는, 꽃인 듯 꽃이 아닌 듯
다가오는 설렘으로 떠난 소풍

봉평 허생원이 살았던 발걸음을
한 페이지에 담는다.

무작정 떠나다

소백산 신록이 시들어 갈 즈음
흑백 사진 속의 그리움을 찾으러
천년의 산사로 무작정 떠난 길

부석사 은행나무 흔적을 따라가려는데
옛것은 잠시도 머물지 못하는지
만져보지도 못한 마음을 어쩌랴

우아한 자태로 맞아주는 무량수전
관음전에 헛헛한 바람으로
새소리에 걸음을 추스르며 삼층석탑에 합장한다

부석사가 천 리 길인지 그리움에 애간장 태우는 날이 많아도 범종루에 올라 언제 그랬냐는 듯 신기루 같은 먼빛 속에서 잡아주는 손잡고 당초무늬와 화염무늬로 화려한 본존불상에 잠시 멈추어 의상대사를 흠모하던 선묘善妙, 사모의 인연을 이루지 못해 용이 되어서라도 임을 옹호한 부석, 나도 잠시 선묘 낭자로…

가을을 떠난 고즈넉한 천년고찰
부석사 조사당 처마 밑에 제비부부 깃털을 고르고
전설의 꽃 선비화 골담초는 볼 수 없었지만
손잡고 함께한 시절인연 잠시
바람소리 들락거리는 석등의 불빛으로
가슴을 채운다.

동아줄

스님 세상이 왜 이래요
아마도 지금 이생에 계셨더라면 무어라 하셨을까요

- 내려놓아라, 비우거라 - 하셨지요

잡히지도 않을 먼지 같은 허상을 움켜쥐느라
아귀다툼하는 거리에 판도라의 상자로
죽음과 윤회로 넘나드는 어제와 오늘을 도리질하며
오체투지의 시간은 멈추지 않을지라도
휘적휘적 바람 속으로 걸어 다니지만

인연의 굴레로 그 사랑 다 얻은 줄 알았는데
먼저 동아줄 끊어버렸지만
이젠 미워도 원망할 시간이 없다

꽃 진다고 한 움큼의 설움 달래보아도
비루함은 나의 업보인 것을
각을 세우던 시간도 시공을 넘나드는 자성의 소리는
덕을 채우라고 욕심을 비우라고

무작정 그 산에 가면 먼저와 기다릴까
곁으로 가는 길 멀기만 하지만
바람이 밀어낸 겹겹의 능선 자락에
족쇄를 풀어헤친 뭉게구름 밑턱구름에도
안개구름은 아스라이 멀어져가네.

4부

선유도의 안부
보일 듯 말 듯, 있는 듯 없는 듯
내 몸 어디에서 가시가 자랄까
당신의 뜨락
손 편지 쓰던 밤
심장과 심중의 관계
귀천에 귀천을 만나다
달의 목소리
참새수행
36.5℃의 피안
저녁별 아래
그곳 헤이리
몽마르트르 언덕
막걸리 한잔

선유도의 안부

온전히 안부를 기다리다
바람의 조율사로 조난자가 되어서
머리위에 쏟아지는 푸른 햇살 맞이한다

성글성글한 눈빛으로 스며오는 그림자
가슴 떨리는 심중은 사랑해서 아프다고
진실로 사랑하고 이 사람이 아니면 안 된다고

내 사랑 홍매화 무언으로 오소서
주춤거리든 소식은 감감 무소식일 때
취중에 건넨 궁색함은 시들해지고
애처로운 폰만 만지작거리다

살아보니 끝없이 도전도 부질없다는 것을
명예도 허울이고 어깨에 걸린 무게는
힘겹다 하지 못하고 욱신욱신 징징거리며
시퍼렇게 흐르는 한강의 물줄기 따라
다시 봄이 오면.

보일 듯 말 듯, 있는 듯 없는 듯

설레는 마음 늘 그러하듯
먼 산자락에 파노라마처럼 번져가는 그리움

내 것이 아닌, 내 것은 어디에 있을까
겨우 얻은 것은 끊임없이 아득한 고행 길
사강 자락에 요동치는 비바람은 몇 겹의 결이 있는지

라라랜드를 꿈꾸었던 것도 부질없다는 것을
이미 알아차린 지 오래
손을 내밀면 잡을 수 없는 바람 되어 빠져나가고
지독한 신열을 견디는 밤이 온다

숨 쉬면 한숨이 되고
숨을 멈추면 모든 것이 끝나듯
울다가 웃다가 눈물과 웃음사이를 지나는 해맑음은
보일 듯 말 듯, 있는 듯 없는 듯
안개에 가려진 미로 속을 헤매다
이 젖은 손에 산바람이 손 내밀었을까

집요하게 파고드는 길을 찾다 깨어보니
무채색 엉켜버린 잔상들이 떠나지 않은 밤
잃어버린 문장을 찾으며 마음을 다잡는다.

내 몸 어디에서 가시가 자랄까

마음을 빼앗아간 싱그러운 바람사이로
꽃비가 내린다

선글라스와 마스크로 표정을 가리고
한껏 치장 한 봄 처녀로 돌아가는 오후
대문 밖 블록 틈에서도 민들레는 꽃 한 송이 피우느라
긴긴 겨울을 어찌 견디었을까

솔향기에 한숨 풀어놓는 향기로운 사람들 사이로
삼림욕장 잣나무가 우거진 호암늘솔길 지나
나무데스크 둘레길 쉼터에 다다른다

도시락 싸들고 다람쥐도 만나며 도반과 동행길
호암산성 산마루 아래 갓길 임도를 따라
북 카페가 자리한 평상마다 둘러앉는 가족들의
웃음소리
수없이 들락거렸을 산길을 아슬아슬 비켜간 무게를
내려놓는다
잣나무사이에서 재주부리는 청솔모
비행기 굉음소리에 대롱대롱 가지에 매달리다
혼비백산 한 듯 더 높은 곳으로 오른다

온갖 새들이 반겨주고
찔레넝쿨도 새 순 지키느라 제 몸에
가시를 키운다.

당신의 뜨락

산속에서 부르는 소리에 멈춘 걸음
짙푸른 산맥을 따라 겹겹이 풀무질로
가슴 뛰게 하는 메아리 음파로 번져간다

산딸기 찔레꽃 어우러져
초록을 키우는 소녀는 붉은 꽃봉오리 움켜쥐고
하얗게 일렁이는 그리움은 열꽃으로 피어나
애틋한 인연의 고리에 걸리듯
종달새 울음 아련해진 당신을 만나러 가는 길
저녁에 갇힌 봄날은 땅거미로 내려오고

녹록하지 않은 시절 열어보아도
소리 없이 찾아오는 사연 들킬까봐
일렁이는 물결에 실어 보낸다

호수에 출렁이다 밀려가는 물결위로
애면글면 계절의 문턱을 넘나드는 선율이 흐르고
사강 기슭에 모란 작약 필 때
보랏빛 가슴시린 당신의 뜨락에.

손 편지 쓰던 밤

설익은 햇살에
낭창거리는 수양버들사이로
봉곳이 솟은 은밀한 거래, 피안을 끌어와
어둠을 털어내려 끼어드는 바람이 포개진다

그 강을 건너지도 못하고
희끄무레한 서쪽하늘만 바라보다
부드러운 그 바람이 허공을 밀어내며
곁에 와 손을 잡아주지만 늘 외로움은 쌓여가고

온통 푸른 날에도 소식 없어 멈춘 걸음
가슴에 품었다가 놓아버린 체념은 무심한 듯
해쓱해진 하늘에 손 편지 띄우려 하지만
도미노처럼 당신에게로 가는 길
운무에 가로막혀 표정을 읽지 못하다
희미한 틈새로 하얀 눈물 일렁인다

기울어가는 해질녘
비밀의 문을 열어보지만 간절한 그리움은 모른 척
바람결에 주홍빛 하늘이 다가와도
미로 같은 봄을 전하지 못하고 출렁거리다
서쪽 능선으로 밤비가 내린다.

심장과 심중의 관계

바람결에 나부끼는 들숨 날숨
몸을 부풀리는 목련나무 꽃눈 틔울 날 기다리며
산수유 잔치 소식을 듣는다

눈웃음으로 나누는 인사
마스크로 붉은 입술을 숨긴지 오래다
조율하지 못한 관계로 멈추게 한 일상은
언제 제 자리를 찾을 것인가
심중에서 심장이 뛰고 있다

어둠 뚫고 새벽이 오면
치유되지 않은 삶의 딱정이 떼어내지 못해
뛰던 심장은 어쩌자고
치명적 아픔은 아니길 기억은 가물가물 멀어진다

짧게 스쳐가는 수천수만 번 까칠해지는 심중
지키지 못한 약속이 숭숭 뚫려도
괜찮아 괜찮다고 스스로 위로하지만

상처받지 않고 꽃피우는 꽃 있으랴
있는 듯 없는 듯 체념이라도 하듯이
잃어버린 어제를 찾으려 무작정 떠나지만
꽃샘바람은 뼛속 깊이 파고든다.

귀천에 귀천을 만나다

헤이리 마을 귀천의 찻집
오래전 떠난 시인을 만난다

돈 한 푼 없어도
- 내가 죽으면 천국과 지옥의 갈림길에서
포장마차를 하고 있을 테니, 오시게 탁주
한 사발 하시게 -

가난해도 가난을, 돈의 가치도 모르고
오백 원이 전부였던 막걸리 한잔의 시인
천진한 아기로 다시 태어났을까
막걸리로 배를 채우고
구차하게 변명도 하지 않은 천상병 시인
버스 안내양도 알아보는 순진무구한 눈동자 안에
빈궁한 그림자가 머물 때도 허허 웃었단다

순수한 순간들은 퇴색해버리고
가난한 시인은 소풍 끝내는 날, 떠나고 없지만
산천 기슭에서 낯선 풍경으로 한줌의 먼지처럼
빗장을 풀지 못한 귀천의 헤이리 마을

친구와 차 한 잔의 흔적을 남기며
고단한 삶도 괜찮아 괜찮다고 한다.

달의 목소리

얼기설기 파문으로 잠시 일렁이는
물왕리 호수는 잠잠하다
바람소리 이곳까지 따라온, 뜬소문에도 아슬아슬
저문 날
파동으로 스며든 시간들이 입을 다물고 있다

호수에 이랑을 만드는 저 물결의 심중은
깊이 다가서려해도 핼쑥해진 체온이 식어갈 즈음
짧은 난독의 어지러움에 헤어질 결심으로
무수하게 박히는 차가운 말
안부를 전하려 하지만 해질녘까지 는실는실 춤추다가
물결만 일으킬 뿐 대답이 없다

가물거리는 달그림자 너머로 언뜻 스쳐가는 그리움
한걸음 다가서지 못하는 것은 오간데 없고
난처한 찬바람이 등줄기를 훑는다

소소리 바람에도 찰랑찰랑 출렁이는 호수에
오리 한 마리 느슨한 물결위에 짝을 찾으려하지만
돌 하나 던진 파동에 비릿한 소문이 번진다

가질 수 없는
그 무게를 견디기 위해
달의 목소리를 듣는다.

참새수행

참새 다섯 마리 여여카페로 내려와
탁자아래 흘린 빵 조각으로 공양한다

휘리릭 콩콩 멀어졌다
곁에 맴돌며 사냥보다 새끼 입에 넣어줄
빵 조각 동냥이 쉽다고 여기는지
사람들 손끝에서 길들여지는 참새가족들

숲이 아닌 사람들 사이로 웅성거리는
소용돌이 속에서도 어미와 새끼들은 서로 보듬으며
두리번두리번 머물 곳을 탐색한다

잠시 방심한 틈, 떼로 몰려와
먹이 달라는 듯 발아래서 날갯짓 부풀리며
오롯이 새끼 먹일 빵에 연연하며
인기척에도 종종거린다

햇살 건너가는 도심 속 절집엔
풍경소리 들리지 않아도
여여카페 마당에서 빵부스러기 주고받는
숲을 떠난 참새와 사람들이 어우러지는 하루.

36.5℃의 피안

파도소리 휘파람으로 스며오는
월미도 밤바다
괭이 갈매기도 마중 나오고
청춘들은 가벼운 포옹으로 추위를 달랜다

햇살이 기척 없이 떠난 부둣가 선술집 포장마차엔
강추위에도 청춘과 노년들
조개구이 연탄불 화덕 앞에서 술잔을 기울인다

화롯불에 이글거리는
전복 키조개 가리비 웅피 대합 모시
모차렐라치즈가 흥미롭게 구미를 당기고
또 한판의 바다가 상에 오른다

철새들도 뭍에 올라 기웃거리며
내 편도 네 편도 아닌 목청을 높이는 포장마차엔
화덕구이에 둘러앉아 동동주 잔 비우며 깊어가는 밤

멈추지 않은 난청이 과부하에 기우뚱거리며
짭조름한 바람결이
어둠을 밀어내는 음표로 여운을 남긴다.

저녁별 아래

얼음장 아래 흐르는 물소리
강추위에도 연인들은 둘레길을 돌아
출렁이는 품바타령에 모여든다

뜬구름으로 자리한
바람과 햇살이 기웃거리지만
가슴 시리게 질절히 울리는 타령에
송곳바람에도 고달픈 흥의 문장들이 가슴으로 파고든다

붉은 울음 거세게 휘몰아쳐도
얼어붙은 저수지 틈새를 비집고
육자배기 장고타령에 걸쭉하게 울고 웃는데
봄은 아직 다가올 기미도 멀었다

한 계절이 떠나는 길목에
옹색한 무게는 가벼워지고
둘레길 인연들 저녁노을이 질 때면
한을 쏟아내는 질펀한 품바타령이 가슴을 울리는
저 애련한 소리 뒤로 하고
또 하루가 속절없이 저문 저녁별 아래서.

그곳 헤이리

몽우濛雨 속에서 꽃 피는
갈대숲 풍경을 돌다보니
느긋한 정오의 쉼표를 되짚으려다
파문을 일으키는 갈대의 촉촉한 속삭임으로 머문 자리

낡은 화폭에 한 시절이 담겨진
별 다방 마담은 아직도 숲 우거진 오랜 산장에서
곱게 늙은 자태로
보랏빛 소녀의 꿈을 그리워하며 담배연기 자욱한
어딘가 낯선 간이역에 정착하였을까

돌고 돌아온 그림자를 다독이지만
한나절 길 잃은 바람에
파닥이던 새들은 서걱거리는 틈새로 날아가 버렸는지
아직은 시리게 파고드는 빈자리
헤이리 갈대숲엔, 잔물결 출렁거린다

님을 기다리는 시화를 뒤로하고
낯선 카페에서
커피 한 잔으로 시리고 아린 마음을 채운다.

몽마르트르 언덕
 - 이탈리아 하늘아래 사강

속엣말 다하지 못하는 날
그리운 사람 만나러 사강으로 간다

산자락 언덕에 물들인 코스모스 사그라지고
고요가 웅크린 숲, 휘파람소리 다가오는
개똥지빠귀 찌직 찌직 숲으로 날아간다

창백한 바람은
빈껍데기라도 보듬으려 나무는 열매를 떨구고
그 열매를 먹고 사는 새들과 사람들과의 공생
흔들리는 잎사귀를 버리며 순응하지만
이 방황은 어디쯤에서 멈출 것인가

가끔은 설렘으로
어디서 무엇이 되어 만날지 모르는 해후를 기다리지만
첫눈 내리는 날 오두막집으로 달려가
잠시 몽마르트르 언덕의 보헤미안이 되어
파닥이는 심중으로 뜨거운 커피를 끓인다

어둠을 밀어내도, 잔상들은 떠나지 않고
점점 굵어지는 함박눈 내리는 사강 언덕
저 눈발 속으로 적막을 깨트리며
마일스 데이비스*가 올 것 같은데.

* 미국의 재즈음악가

막걸리 한잔

설렘이 꿈틀거리며 소풍 떠난 길
적막한 절집에 무성한 바람만 일렁이고
아직은 성성한 무릎으로 풍경소리 따라간다

함박눈은 소리 없이 창살너머에 쌓여가고
길고양이 애절한 눈빛으로
문설주 앞에서 추위에 떨고 있다

누룩이 빚어낸 구수한 알곡의 침묵은
태동하려 뽀글뽀글 조잘거리다
어둠속에서 질척이는 심장의 소리 바글바글 거리며
포자들을 숨겨놓은 어둠이 포옹하며 다독이지만
아슬아슬 항아리 문을 열기 전엔 모른다

따스한 햇살이 저물어가는
술 익는 마을에 노을이 내릴 즈음
선비촌의 주막집엔 동동주 항아리가 비워진다

저물녘 막걸리 취기가 차오를 즈음
모세혈관으로 스며들어, 가깝고도 먼 보름달처럼
구들장은 절절 끓어오른다.

5부

펜과 종이
잃어버린 것은
명함의 명암
손의 각도
기록하다
도시의 아침
애써 아닌 척
노신사의 출근길
목청을 높이다
소리와 소리
회귀를 꿈꾸다
안토니오, 에밀리아
크루지아나 궁전
커리어우먼들의 열정
상견례
7번국도 따라, 그곳에
화투놀이
가까워진다는 것은
산기슭 둥지

펜과 종이

기둥은 언제 세울까
외딴 숲속에서 시집 한 채 완성하고 싶다고
이지러지는 그믐달에 하소연해 보아도
낱말들이 퍼즐을 맞추지 못한다

어둠의 심연은 작은 방구석에 갇혔다 깨어나
쉴 새 없이 파고드는 심중을 주무르지만
창문으로 스며드는 햇살에
늘 꿈꾸는 목마름으로 집착은 할수록 멀어진다

직장에서 맡은 과제를 들고
낯선 사람들과 서걱거리는 거리에서
표류하는 시어를 틈틈이 기록하려다
놓쳐버린 포스트잇을 밤늦도록 책갈피에 끼워
맞추려 해도
큰 산 앞에서 채워지지 않은 문장과 타협하지만
여전히 백지로 쌓여간다

비몽사몽 새벽이 오면 퉁퉁 부은 얼굴로
밤새 촘촘히 쓴 낙서들을 지우고 또 지우며
끊임없이 쓰고 싶다는 열정뿐

펜과 종이 사이에서 켜켜이 버무린 열정들은
이쪽저쪽의 빛과 그림자에 은밀한 꼬리를 감추며
종종걸음 친 내안에 들숨 날숨 실랑이를 한다.

잃어버린 것은

먹구름 갑자기 쏟아지는 순간
비를 피하려 발을 헛디딘 곳에
한발이 빠져 꼼짝없이 구두 한 짝을 놓쳐버렸다

한 손엔 우산을 들었지만
훅 헛디딘 발 흙탕물 웅덩이에 빠져
핸드백과 폰은 흠뻑 젖어버렸다

잠깐 회오리바람에 휩쓸리지 않으려
길 위에서 파랑신호에 달려도
질펀한 길을 피하려 절뚝이니 창피한 것은 나의 몫
빛을 삼켜버린 먹구름이 앞을 가로 막는다

하루치의 바람을 막으려다가
살 부러진 우산을 들고 망연히 서 있던 그 시간에
자존심마저 분주하게 잉잉거릴 뿐
무심한 듯 어쩌라고

먹구름은 다시 음표를 따라 빗줄기로 만들어지겠지
이제 젖는다는 것조차 두렵지 않으니
물렁한 파문은 수런거린다

이제 또 무엇을 버려야할까.

명함의 명암

수십 년 곁을 지키던 직함의 공적들
청춘의 패기로 조롱조롱 씨앗을 키우고
이제 하나를 담으려면 하나를 잃어야 했지

질화로 같았던 가슴에 꿈틀거리던 열정은
불나방처럼 두려움이 없었고
뱁새는 황새를 쫓아가려 수 없이 파동은 길었지

화려했던 시절의 명함
빛 뒤편에 숨은 실핏줄들은 소용돌이친
그럴듯한 의자엔 덩그러니 먼지만 쌓이네
산 하나를 옮기려 목소리 내던 시절
바람에 퍼덕이던 날개도 이젠 접으리

다, 부질없는 일이라고
숲을 키우던 숲에서 가시랭이 응어리
관절마다 어정쩡한 소리들이 파고든다.

손의 각도

늘 낯선 거리에 서 있다

살갗을 파고드는 찬바람, 코앞의 거리도 멀기만 하고
칸칸의 행간에 서서
손 내밀어도 잡아주지 않는 바람은
양손에 든 무게로 축 처진 팔이 경련을 일으킨다

무언가를 그리려다 놓친 손
미완성인 그림들은 차곡차곡 쌓여가고
숱한 시간 날마다 백지그림 뿐
생각은 잠시 안개 속에 가려지고
움츠렸던 바람이 곁에 와 다독이지만

바람을 잡으려다 종이에 엄지손을 베이며
아등바등 갈고리 같은 손바닥에 물집 잡혀도
가시 박힌 생인손이 경직되어가는 징후로
잡히지 않은 하루치의 약속을 산언덕에 걸어두었지

오늘도 부재중인 시간을 기다리며
손바닥 안에 그어진 길을 움켜잡으려다
열리지 않은 문 앞에서 손안의 표정을 읽는다.

기록하다

전철 안에서 화장하는 MZ세대들
거울 들고 마스카라를 정성껏 올린다
늦잠으로 긴 생머리 앞에 붙은 분홍 헤어롤
주변의 눈치 보지 않고 당당하게 출근 풍경이
바뀌고 있다

게임, 미팅업무로 지하철엔 폰 삼매경이나
나 또한 도요새가 먹잇감을 낚아채듯
찰나에 떠오르는 감정을 폰에 기록한다

전철 안에 에어컨은 과부하에도 쌩쌩
한기를 느끼지만 젊은 세대들은
민소매 반바지에 추운 기색 하나 없이
냉방에 대응하는 마스크에 목도리는 필수
재킷으로 냉방 칸을 견디며 출퇴근이다

자칫 코로나가 다시 돌아온 건지
여기저기 쿨룩쿨룩, 앞사람은 슬금슬금 자리를 피한다
목적지에 도착, 하차하는 순간
찜통 한증막이다
오히려 온기가 반갑다.

도시의 아침

출근길 걷고 뛰고 청춘들과 보폭을 맞추며
겨우 지하철에 도착
두 줄로 서 있는 뒷자리에서면
샴푸 향기 채 마르기도 전, 지하철이 달려온다

멀미하는 출근길
두 줄의 물결은 파도에 밀리듯
뒷걸음으로 밀치고 디밀고 한발만 올려도 자동
탑승이다

포개져도 밀쳐도 당연하듯 배려하며
차곡차곡 쌓여가는 출근길
머리 위로 숨소리 거칠게 스며들고
어깨를 짓누르는 옆 사람의 팔꿈치와
백팩이 얼굴을 가려도 꼼짝할 수가 없다

종착역에 한바탕 떠밀려 내리면
가파른 에스컬레이터에도 끝없이 오르는 출근길
도시의 아침은 늘 숨이 가쁘다.

애써 아닌 척

멀어지려는 시절을 잡을 수 없듯이
놓아버리면 그만인 것을
뼛속까지 찬바람이 스며들지만
애써 아닌 척 가슴 미어지도록 슬픔이 도사리는 날

숨 막히는 온난화에도
또 다른 날을 기약하며 기어이 겨울은 떠나버렸지
가벼운 날갯짓 바스락거리며 부러질까
조바심하던 시간, 움켜잡지도 못하는 하루치는 저물고
그리운 얼굴 잊어야 하나

길을 잃고 악어의 눈물을 읽어야 하는 날에도
조금씩 서서히 멀어져 가는데
괜찮다고 괜찮을 거라고 다독거리지만
불안한 예감은 어김없이 콕콕 파고들어
또다시 상처를 꿰매려 심중에 남은 눈물을 쏟아내어도
기댈 곳은 어디에도 없다

흔들리는 간절한 문장을 끌고 가다
곁을 내준 바람이 편집이라도 하듯
음 소거되어가는 낮과 밤을 다독여준다.

노신사의 출근길

노신사의 뒷모습에 책 한 권 들려있다
시집도 경제학도 아닌 소설책인가
뒷짐 지듯이 두꺼운 책을 들고 걷는다

북적이는 빌딩숲을 지나 허름한 사무실로 들어서는 노신사
뒤따라가니 샐러리맨 사무실인 듯 시끌벅적 북적거린다
우먼파워들의 능률에 맞는 미팅준비 노하우 책인가
오늘도 노신사의 손에는 두툼한 책이 들려있다

글쟁이가 시집 한 권도 못 챙기는 출근길
성난 파도처럼 달려오는 숨 막히는 지하철에서
등을 밀며 겨우 승차, 도착지에서는 결국 빈손인데
소소한 일상에서 그냥 있는 그대로

뒷사람이 껑충껑충 앞질러가며
빠르게 계단을 오른다

- 활기찬 노후를 위해서는 걷고 뛰고 올라가는 계단
반듯하게 걸으면 치매도 멈출 수 있다고 -

지하철 계단마다 현수막에 글귀가 선명하다.

목청을 높이다

탄식과 탄성으로 아우성치는
좁은 골목에 방치된 파편이 나뒹굴다
바람에게 길을 내주는 어둠속에서
도시가 온통 반짝이다 못해 왁자한 기억을 호소한다

차라리 아름다운 별이었으면
세상에 소리치는 도시의 불빛 사이로
뒤엉킨 시간들이 곳곳에 경계를 넘어
한 치의 양보도 없이 검은 눈물 뚝뚝 떨어뜨린다

수심으로 버티던 편견들 악다구니에 속 끓이다
얼마나 더 많은 반딧불이 바람에 흔들려야 하는지
빛과 어둠사이 숨겨놓은 마음 언제쯤 자막에서 사라질까
페이지를 넘나들던 아침이 오자
수많은 반딧불이 거리에 버려지고 사라지고
여과 없이 무릎 꿇었던 펄럭이는 자존심은 바닥이다

온 몸으로 버티다 중심을 잃어버린
궤적이 돌아 얼크러진 과부하로
변명이 난무한 거리에
또 누군가의 반딧불이 반짝일 것인지.

소리와 소리

아이한테 소리 지르는 엄마
길거리에서 흩어지는 불안이 쏟아져 나온다

칼바람 같은 성깔머리 다독이지 못하고
집안에서 새는 바가지 밖에서도 샌다고
아이한테 쏟아붓는 감정이 더 거칠어진다

아이는 소리에 익숙한지 무디어졌는지
울지도 못하고 눈치만 살핀다
겁에 질린 아이는 뿌리친 엄마의 손에 매달려보지만
보듬어 주지도 않는 매정한 손길
몰려드는 주위 시선에도 점점 더 커지는 악다구니
화를 삭이지 못하는 그녀는
무엇 때문에 아이한테 화풀이하는 것일까

그래도 엄마 뒤를 따라가는 아이
집에 가면 괜찮을까
아이는 무엇을 보고 자랄까

가던 길을 자꾸만 돌아본다.

회귀를 꿈꾸다

쉼 없는 노동
방심한 틈을 타 낙상하는 불협화음은
갈비뼈에 금간 줄 모르고
송곳처럼 파고든 속울음을 견딘다

고목나무 등걸에 굽은 소나무 한 채 짓느라
흐렸다 맑음이 반복되는 나날
빌고 또 빌며 고통을 잊는다지만
잠시 병상에서 쉬는 건 사실 쉬는 것이 아니다

무장한 삶의 끈을 풀며
가고 싶다고 속으로 삭히며
병실복도를 걷고 또 걸어도 멀기만 한
회귀 본능을 가진 연어처럼 돌아갈 집을 생각한다고

볼이 발그레한 열아홉 새색시는 아흔셋이 넘어도
온 몸에 화살나무가 자라는 굽은 등에
덕지덕지 붙인 파스로 만병통치약으로 믿는다

보릿고개 넘으며 구들장 아랫목에 청국장 뜨는
꿈을 꾼다고
오롯이 집으로 돌아가고 싶다는 아흔셋 울 엄마

천개의 바람이 들락거리는 용암산 아래
이웃들의 정을 한 자락 펼쳐 놓을 것이다.

안토니오, 에밀리아

나처럼 살지 말라고
낯선 동경으로 보냈지
품안의 시간 엊그제 같은데
너를 떠나보낸 울렁거림에 속병을 앓았지
우체국에서는 언제까지 지극 정성이냐고
온갖 음식들 포장은 자꾸만 무게가 늘어나고
주어도 주어도 모자라는 어미 맘
어미는 날마다 현해탄을 바라보았지
눅눅한 다다미방에서 십이 년
쿠단시탄 무도관, 육천 명 학생들 속에서
한국인의 딸, 자긍심으로 졸업하고
최고기업에 초고속 승진 본부장으로
삶의 퍼즐을 맞추었지
12년 일본 생활을 정리하고
2019, 코로나로 어미 곁으로 돌아와
직장을 잡고 최선을 다한 너의 노력으로 남편을 만나
한 가정의 며느리와 아내로
2023, 가을 명동대성당 파밀리아 채플에서
딸 에밀리아, 남편 안토니오와 백년해로 곁으로

그래도 여전히 사랑하는 너는
새 생명을 잉태한 모성으로
2025년 9월 12일 우주를 만날 예정으로 엄마라지만
너는 아직 내 품안에 아기로 살고 있다.

크루지아나 궁전

청정지역 백둔리 계곡
크루지아나 풀 빌라 리조트 궁전의 하룻밤
모두는 궁전의 주인이 되었지

산안개 몽올몽올 산등성이에 운무를 드리운
바람도 쉬었다가는 우거진 산속에서
매미 소리 새들의 합창에 지친 귀를 씻고
초록의 향연에 메마른 가슴 파랑이 스며들었지

보름달 내려온 창가에서 소원을 빌며
우먼파워들의 열정으로 우뚝 솟은 미래 디 에스 엔
은퇴 없는 평생직장에서
망설임 없이 계약의 담금질로 바퀴를 굴리며

천상의 나라 가평 크루지아나 풀 빌라
북두칠성이 머리 위까지 내려와
투명한 풀 온천수에 일렁이는 웃음소리 밤을 새우고
한바탕 동심으로 돌아가 하나로 어우러졌지

백둔리 골짜기에 문을 활짝 열어놓고 길손들 반겨주며
산수유 목련이 숲을 만들어
하늘가 언저리에
백일홍 해바라기 코스모스 소국이 지천에 피는 곳

사계절에 꽃을 피우는 미래 디 에스 엔.

- 2024. 3. 가평에서

커리어우먼들의 열정

붉은 태양이 솟아나는 산등성이 너머로 햇살가득 번지는 커리어우먼들의 열정은 비바람 불어도 건강을 찾아주는 웃음소리들 숲의 어머니인 그 숲에서 자식들 성장시키고, 성성하게 청춘을 찾은 팔순 구순 넘어도 회장님의 청춘설계를 믿음으로 맡기고. 승승장구로 청라 웨이브릿지 오피스텔에 층층이 올라간 꿈을 담이있다

가산디지털, 포타제 고급스런 분위기가 쉐프님의 손끝에서 직장인들의 입맛을 부르고, 쉘리 카페엔 산호초들 사이로 아열대 물고기들이 유유자적 어항에서 기다리며, 일품요리 파스타 맛에 다시 가고 싶은 곳

태국에 크루지아나 골프엔 리조트 블루사파이어cc에서 샷 소리 울리는 곳 밤엔 별빛과 인피니티 풀에서 칸차나부리에서 추억을 담으며 크루지아나, 포타제, 문테라스에 쉴 수 있는 테마로 회장님의 열정에 칠백여명의 여신들이 함께 백두산보다 더 높은 '크루지아나 골프엔 리조트' 협동조합에 탑승한 열정입니다

작은 산하나 옮기면서 십일 주년이라는 고난도 역경도, 울창한 숲속에서 큰 산을 만들며 함께 웃을 수 있는 시간을 누리고, 한 계단씩 오를 수 있게 가산디지털 본사에 황금 터를 잡아 꿈을 키우는 '크루지아나 골프엔 리조트' 새로운 이름 안에서 만나면, 눈인사로 안부를 전하고 청초한 꽃밭에서 커리어우먼으로, 혼자 걷는 길보다 둘이 걸어가는 숲을 만들어가면서 새들 소리에 훗날 우린 기억할 것입니다

빨주노초파남보 여신들의 미소가 넘치는 즐거움으로 깔깔깔 호호호
커리어우먼 천사들과 함께.

상견례

여의도 모모 호텔 삿포로
듬직한 사돈과 우아한 안사돈, 첫 대면을 했지

양가 자식들과 가장 가까운 관계지만
멀고도 어려운 사이, 혹여 흠 잡히지 않을까
말 한마디에도 조심스러웠지

일가친척 예단준비 형편대로 생략한다고
둘이 다 알아서 준비한다지만
다 해주고 싶은데 무엇이든
허례허식을 줄이고자 하니 어미 마음은 혼란스러웠지

만남의 시간은 흐르고
마음도 한결 가까워졌지
예쁜 꽃, 도라지 청, 선물도 준비하고
손 편지에 마음을 적어준 너희들의 마음에 시큰

그 어떤 것보다
진심과 애정이 가장 큰 선물이었다.

7번국도 따라, 그곳에

비릿한 해풍이 스며오는
촛대바위에 남은 추억은 아직도 푸르다
시간의 고리들은 여전히 풀 수 없지만

호산으로 가는 길에서 만난 신작로
털털거리며 달리는 완행버스엔
책가방을 주고받던 학생들의 웃음소리가
만원버스에서 튕겨나온다

산을 넘으면 또 산
가곡천 초입에 미루나무 두 그루 마중하지만
구불구불 오솔길에서 함께하던
아이들 메아리는 도시로 떠난 지 오래

꼴망태에 그림책을 담아 병풍산자락에서 소 먹이던 얼굴은 가물거리고 붉은 땅거미 내려오는 마당에 아버지는 쑥을 피워 모기를 쫓으며 쇠죽 끓인 숯불 위에 꽁치구이로, 참나무 타는 냄새가 마을에 번질 즈음 멍석에 둘러앉은 두레밥상의 웃음소리 이젠 들리지 않는다.

화투놀이

군용 담요를 펼쳐놓고
할아버지 할머니는 민화투를 치셨다

덕풍 골에 긴긴 겨울 눈 내린 밤
군고구마 익어가는 화롯불에서 건초를 만 곰방대를 물고
육백 점 담배 내기를 하였다

할아버지는 기쁜 소식이 온다며 매조를 좋아하였지
홍단 청단 초단 화투 패를 싹쓸이하지만
할머니의 오광으로 한판 대결이 끝났다

난초 모란 홍싸리 공산 국준 단풍 오동 비
한바탕 패가 돌아가는 꽃 천지에서
할머니는 단풍을 좋아하였지만
단풍놀이 한번 못 가셨다

이젠 그곳에서도
좋아하시던 화투놀이하고 계시는지요.

가까워진다는 것은

꽃망울 틔우며 삐쭉 내민 틈사이로
벚꽃은 꽃비로 내린다

그 바다의 차가운 바람에도
붉게 지는 노을 너머로 저물어가는 하루
눅눅한 갯바람은 떠돌다 흩어지고
먼 길 달려와 모래위에 이름을 새기지만 파도가
휩쓸어버린다

어둠을 털어내는 서쪽하늘에 저녁별이 내려오면
파도치는 울음사이로 기억들을 불러 모으지만
쓸쓸히 해풍을 견디며 내일을 기약하지만 구봉
도 꽃바람을 일으키는 바다에 잡히지 않은 허상
은 따라다니고 널브러진 파도는 철썩이지만 어
디에서 멈출까 노심초사 외면하지 못하고 잠시
바람을 만져본다

아직은 초저녁
설익은 하루치의 설렘으로
출렁거리며 버텨야하는 희뿌연 낯선 길
돌아갈 그곳에 움츠린 마음을 다독인다.

산기슭 둥지

인적 드문 부금산 기슭 청소년 둥지
베풂과 나눔으로 여린 씨앗을 키워
이름 하나 보석처럼 다듬어내지만

좋을 인연 아픈 사연으로 만난 사방천지에서 찾아온 작은 천사들, 철없는 행동들이 아빠스님 아프게 하여도 자애로운 미소로 보듬으시는 보살님들의 손길이 분주하지만 숨 고를 시간 없이 여기저기서 터지는 고함, 한순간이라도 눈길 뗄 수 없을 때 방 귀퉁이에 웅크리고 있는 애잔한 눈동자들 듬성듬성 빈집 같은 찬바람이 한차례 쓸고 간다

먹거리는 늘 부족하고
산더미로 쌓인 흔적들은 손빨래로 천사들의
눈물을 씻으며
자비심을 배우는 동자님의 저녁예불 소리에
어둠이 내려앉는 절집 마당엔 고사리 손들이
합장한다

찾아오는 발소리 기다려보지만
고단한 하루치는 찌든 어둠만 잠길 뿐
기다리는 어미는 오지 않는다.

천도화 일곱번째 시집

뱁새는 황새를 쫓아가다

초판 인쇄	2025년 8월 13일
초판 발행	2025년 8월 13일

지 은 이	천도화
펴 낸 곳	도서출판 책나라
등 록	110-91-10104호(2004.1.14)
주 소	㉾ 03377 서울시 은평구 녹번로 3가길 14, 라임하우스 1층 101호
전 화	(02)389-0146~7
팩 스	(02)289-0147
홈페이지	http://cafe.daum.net/sinmunye
이메일	E-mail / sinmunye@hanmail.net

값 13,000원

ⓒ 천도화, 2025
ISBN 979-11-92271-54-5

* 이 책 내용의 전부 또는 일부를 재사용하려면
  저작권자와 도서출판 책나라 양측과 협의하여야 합니다.
* 저자와의 협의에 의하여 인지를 생략합니다.
* 파본은 구매 서점에서 교환하여 드립니다.
* 이 책은 한국예술인 복지재단 창작지원금으로 발간되었습니다.